Bad Wurzach

seine Gemeinden und das

Ried

Frisch · Fink · Schuster

Texte: Bad Wurzach und Gemeinden, Otto Frisch
Ried, Heinrich Fink
Bildmaterial: Landschaft, Bad Wurzach und Gemeinden Karlheinz Schuster, Bad Wurzach.
Ried, Flora, Fauna: Dietrich, Hinterholzer, Nentwich, Schuster, Heilbach, Zengerle
Lithos: repro studio 16, Dusslingen
Satz: Fotosatz Bausenhart, Laupheim
Druck: Graphische Betriebe Eberl GmbH, Immenstadt/Allgäu
ISBN: 3-9801 992-1-5

Inhaltsverzeichnis

Föhnstimmung: Das Ried, Bad Wurzach und die Alpen

Vorwort

Bad Wurzach, ältestes Moorheilbad in Baden-Württemberg,

bekannt durch das barocke Treppenhaus des Wurzacher Schlosses, das Hl. Blutfest mit seiner großen Reiterprozession und durch das mit dem Europadiplom ausgezeichnete Wurzacher Ried, stellt sich im vorliegenden Bildband als ländliche Mittelstadt im oberschwäbischen Allgäu vor.

Wie durch ein Kaleidoskop erlebt der Betrachter die bunte Vielfalt der Kurstadt mit ihren Ortschaften, eingebettet in eine gesegnete Landschaft.

Der vorliegende Bildband erlaubt einen Blick auf das Stadtbild von heute, vermittelt das Flair von Kur, Kultur und Natur und kündet von einer auf historischer Grundlage aufbauenden städtebaulichen Dynamik. Gleichzeitig verspüren wir die Tradition vergangener Jahrhunderte.

Wir freuen uns über die meisterhaften Fotos und die sachkundigen Texte. Dem Herausgeber und dem Verleger sei herzlich gedankt.

Leben ist Wandel. Auch unsere Stadt ist im Wandel begriffen. In wenigen Jahrzehnten wird dieser Bildband ein historisches Dokument des ausklingenden 20. Jahrhunderts sein.

Möge er dazu beitragen, daß Bürger und Gäste noch mehr Gefallen finden mögen an unserer liebenswerten Stadt, der „Kleinen Residenz am Ried“.

(Helmut Morczinietz)
Bürgermeister

Die Stadt Bad Wurzach

Bad Wurzach liegt am Südrand eines in der Rißeiszeit gebildeten Landschaftsbeckens. Am Ende der letzten Eiszeit, der Würmeiszeit, bildete sich darin ein See, der allmählich zu einem ca. 14 km² großen Ried verlandete. Durch das Wurzacher Ried schlängeln sich zwei Wasserläufe der Stadt zu: von Osten die Dietmannser und vom Westen her die Haidgauer Ach. Nördlich von Wurzach vereinigen sich beide Wasserläufe zur Wurzacher Ach.

Als „Wrzun" tritt der Name des Ortes erstmals im Jahre 1273 urkundlich belegt ans Licht der Geschichte. Im gleichen Jahr erhielt der Ort das Marktrecht, wie aus einem indirekten Hinweis hervorgeht. Wahrscheinlich war Wurzach damals im Besitz des Hauses Waldburg.

Als ältestes Bauwerk aus dieser Zeit hat sich das ehemalige Leprosenhaus mit seiner Kapelle bis auf den heutigen Tag erhalten. Hier fanden durch Jahrhunderte die Aussatzkranken der Stadt und aus vielen Pfarrgemeinden der Umgebung Unterkunft und Betreuung. 1696 wurde das Leprosenhaus von Grund auf erneuert. In den Jahren 1982 - 87 wurden Gebäude und Kapelle in vorbildlicher Weise von der Stadt Bad Wurzach restauriert. Das Anwesen dient heute kulturellen Zwecken.

Am 27. Mai 1333 verlieh Kaiser Ludwig der Bayer auf Bitten von Truchseß Johann von Waldburg dem Marktort die Stadtrechte. Markt, Gericht, Ratsverfassung und die Erbauung einer Stadtmauer hoben von da ab das kleine Gemeinwesen von den umgebenden Landorten ab. 1482 wurden sowohl das Rathaus als auch das Spital erbaut. Der Bauernkrieg 1525 und der Dreißigjährige Krieg 1618-1648 hinterließen tiefe Spuren in der geschichtlichen Entwicklung Wurzachs. Als sich im Jahre 1675 von der Zeiler Linie der Waldburger ein eigenes Wurzacher Grafenhaus abspaltete, brach eine neue Zeit für die bescheidene Stadt an. Die Grafen bauten nämlich in der Folgezeit weite Teile der Stadt in ihre Residenz um. Das prachtvolle Barockschloß von 1723/28 mit seinem berühmten Treppenhaus stammt aus dieser Glanzzeit des 18. Jahrhunderts. Heute wird als Baumeister des Wurzacher Schlosses der berühmte Architekt des Deutschen Ordens Bagnato vermutet.

Als Schöpfer des Deckenfreskos, das den griechischen Götterhimmel zeigt, gilt der Italiener Pietro Scotti. Die Stuckausstattung wurde wahrscheinlich von Johannes Schütz geschaffen, der einige Jahre hier in Wurzach ansässig war. Gegen Ende des 18. Jahrhunderts wurde ein Teil des Treppenhauses schließlich mit klassizistischen Stilelementen ausgestattet. Seit 1922 ist das Schloß im Besitz des Salvatorianer-Ordens, der in seinen Räumen, außer den Wohnstätten für die Ordensangehörigen, ein Internat für das Gymnasium Salvatorkolleg unterhält.

In den Jahren 1709 - 1713 entstand auf dem Gottesberg eine Wallfahrtskapelle samt angebautem Bruderhaus. Das 1514 gegründete Franziskanerinnen-Kloster Maria Rosengarten wurde 1763 barock umgestaltet. Beide Klöster wurden jedoch 1806 ein Opfer der Säkularisation. Bereits 1921 wurde der Gottesberg durch Salvatorianer

Bad Wurzach Kernstadt mit Rheumaklinik, Moorsanatorium und Neubaugebiet Richtung Albers

übernommen, die den Wallfahrtsort wieder neu belebten und 1928 eine Reiterprozession zu Ehren der sich dort befindlichen Reliquie des Heiligen Blutes Christi einführten. Dieser Blutritt findet seither jedes Jahr im Juli statt, bei dem regelmäßig rund 1500 Reiter teilnehmen.

1275 wird erstmals die Pfarrei Wurzach urkundlich genannt. Die Pfarrkirche St. Verena wurde 1775/77 im frühklassizistischen Stil neu erbaut mit Ausnahme des Unterteiles vom Turm, der aus dem Jahre 1487 stammt.

Durch die Mediatisierung 1806 wurde der Waldburg-Wurzachischen Herrschaft viel von ihrer Souveränität genommen, indem sie dem Königreich Württemberg eingegliedert wurde. Die Linie starb im Jahre 1903 in ihrem männlichen Stamme aus.

Wurzach war im 19. Jahrhundert wieder zu einem Landstädtchen herabgesunken. Erst der Aufschwung zur Badestadt ab 1935 brachte auch für Wurzach den Anschluß an moderne Entwicklungen. 1950 erhielt Wurzach den Titel „Bad" verliehen.
Grundlage dieses Aufschwunges bildete das Moor aus dem Wurzacher Ried, mit dem die Stadt seit Anbeginn schicksalhaft verbunden ist.
Durch Jahrhunderte wurde diese Landschaft als ein unheimliches, siedlungsfeindliches Gebiet betrachtet, um das sich mancherlei Sagen strickten.
Erst im letzten Jahrhundert gelang es, einen dauerhaften Weg durch das Ried zu bauen und damit auch den nördlich davon gelegenen Gemeinden einen direkteren Zugang zur Stadt zu ermöglichen.
Gegen Ende des letzten Jahrhunderts begann man dann damit, größere Teile des Riedes stärker zu entwässern, um Brenntorfabbau in großem Stil zu betreiben.

Ursprünglich auf der Grundlage der Brenntorf-Vergasung entstand 1949 eine Glasfabrik, die sich im Laufe der Jahrzehnte zum größten Industrie-Unternehmen der Stadt entwickelt hat.
Die unrentable Brenntorf-Vergasung wurde nach kurzer Zeit wieder eingestellt und durch modernere Techniken, der zur Glasproduktion nötigen Wärmegewinnung, ersetzt. In diesem Zusammenhang ist das Unternehmen durch seine Pionierleistungen im Bereich des Umweltschutzes bekannt geworden.

Bad Wurzach mit seinen gut 4500 Einwohnern erfüllt seit der Gemeindereform die Funktion eines Zentralortes, dem neun Landgemeinden mit etwa 8500 Einwohnern zugeordnet sind.

Das Leprosenhaus gilt als ältestes Bauwerk der Stadt, im 13. Jahrhundert bereits erwähnt

Das Rathaus, erbaut 1482

Das Amtshaus der Stadt, Erweiterungsbau

Das Spital, Erweiterungsbau

Teilansicht der Marktstraße

Blick über die Stadt Richtung Süd-Westen

Idylle an der Ach

Das Barocktreppenhaus im Schloß (Stukkaturen vermutlich von J. Schütz)

Deckenfresko, Herkules auf der Fahrt in den Olymp (vermutlich von dem Italiener P. Scotti)

Das Wurzacher Schloß von 1723/28, Baumeister vermutlich G. C. Bagnato, Gesamtansicht von der Stadt aus

Teileindruck des Barocktreppenhauses von rechts

Sommerabendstimmung, Blick Richtung Nordwesten

Stadtpfarrkirche St. Verena, erbaut 1775/77

Innenansicht der Stadtpfarrkirche St. Verena (Deckenfresko Andreas Brugger, 1777)

Das Pfarrhaus, links das neue Gemeindehaus

Das „Frühlingsorchester“ von Bad Wurzach

Wallfahrtskapelle Heiligkreuz auf dem Gottesberg, erbaut 1709/13

Kreuzigungsgruppe in der Wallfahrtskapelle Heiligkreuz (Johann Ruez, 1713/17)

Hl. Blutfest: Die Blutreiter

Hl. Blutfest: Der Blutwagen

Produktionsanlage in der Oberland Glas AG

Aus dem Feuer geboren müssen wir jetzt abkühlen

Die Gemeinde Arnach

Arnach liegt an der Äußeren Jungendmoräne in einer eigenen rißeiszeitlichen Mulde, dem sogenannten Arnacher Becken, das seine Entstehung einer Nebenzunge des Wurzacher Gletschers, der Starkenhofer Eiszunge, verdankt.

Der Ortsname taucht erstmals in den Jahren zwischen 941 und 962 auf, als ein „Berngarius de Arnanc" in der Chronik des Klosters Petershausen am Bodensee genannt wurde. Bei einer Güterschenkung an Petershausen wird 1043 der Wald zu „Arinanc" erwähnt. Der Arnacher Ortsadel besaß eine eigene Burg bei Hünlishofen. In der Folgezeit treten aber die Truchsessen von Waldburg als Hauptgrundeigentümer auf, und Arnach wird im späten Mittelalter Sitz eines Gerichtes der Herrschaft Wolfegg. Der Gasthof zum Adler war ehedem Gerichtshaus. Erster Hinweis auf eine Pfarrei im Orte Arnach ist die Nennung des Viceplebanus Heinricus im Jahre 1275.

Als einen sehr früh besiedelten Ort im Gemeindeverband darf man Geboldingen betrachten, was sowohl durch seine Namensform als auch durch seine erste Erwähnung im Jahre 830 zu belegen ist. Damals zählte das Gebiet um Arnach zum Nibelgau. Erwähnung verdient auch der Weiler Brugg, in dem 1274 das Zisterzienserinnen-Kloster Baindt begütert wurde.

Das heutige Erscheinungsbild des Ortskernes von Arnach wurde besonders durch Baumaßnahmen im 18. Jahrhundert geprägt. In erster Linie ist hier die stattliche Pfarrkirche St. Ulrich und Margarete zu nennen, die mit Ausnahme des älteren Turmes unter Pfarrer Dr. theol. Johannes Wilhelm Rom in den Jahren 1744/49 neu errichtet worden ist. Sie birgt in ihrem Inneren eine kostbare künstlerische Ausstattung, unter anderem aus den Wurzacher Bildhauerwerkstätten von Johannes Ruez, Franz Anton Kälin und Johann Jakob Willibald Ruez. Dazu gesellt sich das Pfarrhaus ebenfalls aus der Mitte des 18. Jahrhunderts, das Mesnerhaus und das sehr schöne Kaplaneihaus von 1743 mit einem einzigartigen Anbau in Blockbohlentechnik. Leider hat dieses ausgewogene Ensemble in den letzten Jahren durch Veränderungen im Detail Einbußen erfahren.

Die aufgelockerte Bebauung des Ortsbildes zeigt, daß bei der vorgenommenen Vereinödung in den Jahren 1780 - 1782 mehr als die Hälfte der Häuser im Ort abgerissen und auf die Fluren hinausgebaut wurde. So ist die Gemarkung von Arnach bis heute durch zahlreiche Weiler und Einzelhöfe gekennzeichnet.

Die Bildung des Gemeindeverbandes Arnach war um 1820 abgeschlossen.

Von wirtschaftlicher Bedeutung war früher eine Brauerei im Ort. Zu einem beachtlichen Betrieb moderner Prägung hat sich das Ziegelwerk Arnach in der durch Neubaugebiete gegen Süden und Westen erweiterten Gemeinde entwickelt.

In Arnach leben heute etwa 1200 Einwohner.

Luftbild von Arnach

Die Kapelle vom Weiler Brugg

Arnach Blick Richtung Norden

Pfarrkirche St. Ulrich und Margarete von Arnach

Innenansicht der Pfarrkirche St. Ulrich und Margarete von Arnach

Teilansicht der Produktionsanlage im Ziegelwerk Arnach

Arnach Blick Richtung Osten

Die Gemeinde Dietmanns

Dietmanns liegt am Nord-Ost-Rand des Wurzacher Beckens an der rißeiszeitlichen Stirnmoräne dicht am Ried. Am Westrand des Ortes entspringt aus einem Quellsee die Dietmannser Ach.

Das Gemeindegebiet greift einerseits auf dem Moränenwall weit nach Osten bis zum Weiler Rupprechts aus und umfaßt andererseits auch Gebiete am nordöstlichen Riedrand bis nach Iggenau. Dazu kommt noch als Exklave der Weiler Oberschwarzach.

Als „Tietmans“ wird das Dorf erstmals im Jahre 1275 als Pfarrort urkundlich faßbar. 1353 zählte die Pfarrgemeinde insgesamt 30 Wohnplätze. Fast das ganze Gemeindegebiet gehörte zum Gericht und zur Herrschaft Schwarzach. Als Gerichtshaus im Ort diente das heutige Gasthaus zum Adler. Die Herrschaft Schwarzach war österreichisches Lehen, und so fiel unter anderem auch Dietmanns durch Verkauf des Hildebrand Wielin von Winneden (Michelwinnaden) im Jahre 1446 an die Truchsessen von Waldburg. Dietmanns kam in der Folge 1672 bei einer Teilung an die Grafschaft Waldburg-Wolfegg. Die Ortsteile Menzlis und Willis besaßen im 13. Jahrhundert einen eigenen Ortsadel.

In Oberschwarzach erhielt Alban von Tannenberg 1650 ein erbliches Lehengut von den Truchsessen. Er war ein nicht standesgemäßer Nachkomme der Waldburger. Hier in Oberschwarzach befinden wir uns auch im ehemaligen Zentrum vom Verbreitungsgebiet des altoberschwäbischen Bauernhauses mit seinem ehedem mächtigen, strohgedeckten Walmdach.

Im Dreißigjährigen Krieg hat Dietmanns schwer gelitten. 1628 starb neben vielen Bewohnern auch der Ortspfarrer an der Pest. 1632 brandschatzten die Schweden das Dorf und brannten unter anderem den Pfarrhof nieder. Er konnte erst 1672 instandgesetzt werden, so daß mit Franciscus Hugo Östringer 1674 wieder ein Pfarrer Herberge fand. Im Jahre 1987 mußte das Pfarrhaus wegen Baufälligkeit abgerissen werden. 1989/90 entstand an seiner Stelle ein stattlicher Neubau.

Das Kleinod von Dietmanns ist die barocke Pfarrkirche St. Ulrich und Margarete mit ihrem Turm von 1494 und dem Schiff aus den Jahren 1739/40. Die Ausstattung des Gotteshauses geht in ihren Holz-Skulpturen hauptsächlich auf die Wurzacher Werkstätte des Franz Anton Kälin zurück. Im Hochaltar weist das hervorragende Altargemälde von Fr. Ludwig Hermann aus dem Jahre 1748 auf die früher bedeutende Josefs-Bruderschaft hin. Gegenwärtig wird die Pfarrei von Bad Wurzach aus versorgt. Während die Pfarrei Dietmanns 1750 insgesamt 272 und 1812 zusammen 312 Angehörige zählte, liegt die Bevölkerung heute bei etwa 800 Einwohnern.

Zum Wachstum des Ortes hat besonders seit 1970 die laufende Erschließung von Neubaugebieten am östlichen Moränenhang beigetragen.

Luftbild von Dietmanns

Die „Sportler“ von Oberschwarzach, Gemeinde Dietmanns

Das neue Pfarr- und Gemeindehaus Dietmanns

Dietmanns Ortskern mit Pfarrkirche St. Ulrich und Margarete, im Hintergrund Ellwangen

Innenansicht der Pfarrkirche St. Ulrich und Margarete von Dietmanns

Die Gemeinde Eintürnen

Eintürnen auf der Äußeren Jungendmoräne teilt sich am westlichen Rand des Wurzacher Beckens in das am Fuße der Moräne gelegene Dorf Eintürnen und den auf der Höhe gelegenen Pfarrweiler Eintürnenberg.

Die Besiedlung des Ortes kann bis in die keltische Zeit zurückgeführt werden, und auch der Ortsname dürfte keltischen Ursprungs sein, der z.B. 1227 „Durnon" und 1278 „Ondurnon" geschrieben wird, was etwa befestigte Burg oder Turm bedeutet. Auch der Kirchenpatron St. Martin ist ein Hinweis für die frühe Besiedlung. In einer St. Galler Urkunde wird schon im Jahre 956 ein kleines Heiligtum mit einem Bonifatiusaltar in Eintürnen genannt. Auch ist alter Ortsadel mit einer abgegangenen Burg in Eintürnen seit 1171 nachgewiesen.

Recht früh werden im Jahre 1260 die beiden Teilorte Weitprechts und Mezzisweiler erwähnt.

Im Laufe der Zeit gab es mehrere Besitzwechsel von Rechten an Eintürnen, bis schließlich noch vor 1480 das Dorf Eintürnen und 1763 der Pfarrweiler Eintürnenberg an das Haus Waldburg kamen.
Der Pfarrsprengel hatte früher eine ungewöhnliche Ausdehnung, und die Pfarrstelle war recht einkommensreich. Eine ganze Skala von baugeschichtlichen Perioden weist die stattliche Pfarrkirche St. Martin auf, die auf ihrem bevorzugten Platz weithin sichtbar ist. Das Untergeschoß des Turmes geht ins 12. Jahrhundert zurück, während die zwei aufgesetzten Achteckgeschosse von 1798 und die Zwiebelhaube von 1879 stammen. Auch das Kirchenschiff weist in vielerlei Einzelheiten romanische, gotische und barocke Bauelemente auf. Durch unvorsichtiges Hantieren des Mesners brannten sowohl Kirche wie Pfarrhaus ab und wurden 1671 wieder aufgebaut. Die reichhaltige und qualitätsvolle Ausstattung der Kirche stammt überwiegend aus dem 18. Jahrhundert. Erwähnung verdient der ehemalige Prozessionsritt zu Ehren des Hl. Martin, der unter großer Beteiligung der umliegenden Bevölkerung jeweils am Georgi-Tag abgehalten wurde. Erstmals wurde diese Prozession im Jahre 1754 veranstaltet. In der Zeit der Aufklärung wurde der Ritt dann verboten, so daß er letztmals 1802 abgehalten werden konnte.

Die Gemeinde Eintürnen weist eine rein landwirtschaftliche Struktur auf, in die das Naturschutzgebiet Rohrsee und das Landschaftsschutzgebiet der Eintürner-Seenplatte mit ihren Feuchtgebieten eingebettet ist. Im Jahre 1824 wurde Eintürnen als eigenständige Gemeinde von Wolfegg abgetrennt. In Eintürnen leben heute etwa 650 Einwohner.

Blick auf Eintürnen Richtung Norden

Pfarrkirche St. Martin im Weiler Eintürnenberg

Innenansicht der Pfarrkirche St. Martin im Weiler Eintürnenberg

„Arma Christi“, Feldkreuz in Rohr

Naturschutzgebiet Rohrsee mit dem Weiler Rohr

Landschaft: Sicht von Weitprechts in Richtung Eintürnen

Weitprechts, Gemeinde Eintürnen

Die Gemeinde Gospoldshofen

Gospoldshofen ist ein kleines Dorf im Altmoränenland südöstlich von Bad Wurzach. Das Gemeindegebiet besteht aus zwei durch die Stadtmarkung voneinander getrennten Teilen.
Der nördliche Teil mit den Weilern Albers, Obergreut, Wiesen und Witzmanns reicht nahe an den Ortsrand der Stadt heran und hat auch noch Anteil am Wurzacher Ried.
Der südliche Gemeindeteil wird gegen Westen von der Ach begrenzt und steigt dann gegen Osten zu bewaldeten Hängen an. Neben Gospoldshofen finden sich hier die Weiler Bauhofen und Truschwende.

Der Ortsname wird erstmals in einer Schenkungsurkunde an das Kloster Ochsenhausen als „Gozboldishoven" im Jahre 1128 genannt. Im Gemeindegebiet waren außerdem im Laufe der Jahrhunderte auch die Klöster Baindt, Rot und Weingarten begütert. Die Ortsgemarkung Gospoldshofen zählte zur Grafschaft Zeil und fiel 1675 bei der Teilung an die Linie Waldburg - Zeil - Wurzach.
Nach langen Bemühungen gelang es den Ortsbewohnern im Jahre 1823, sich aus dem Verwaltungsverband der Oberschultheißerei Wurzach zu lösen. Damit war Gospoldshofen zu einer eigenständigen Gemeinde erhoben. Allerdings gab es keinen eigentlichen Ortsmittelpunkt, denn die Gemeinde hatte weder ein eigenes Rathaus noch eine Kirche oder Schule.
Erst im Jahre 1909 wurde für die Gemeindeverwaltung ein Rathaus in der Stadt Wurzach gebaut. Kirchlich gehören die Gemeindeteile wie seit Jahrhunderten in die Pfarreien Wurzach, Seibranz, Dietmanns und Diepoldshofen. Mehrere Weiler besitzen aber Ortskapellen. In Gospoldshofen steht eine Kapelle St. Petrus von Alcantara, die 1839 erneuert wurde, in Albers wurde 1779 eine stattliche Wetterkapelle zu Ehren von Franziscus Xaverius errichtet, und auch Bauhofen besitzt eine kleine Kapelle.

Bis heute ist die Gemeinde rein ländlich strukturiert, weshalb sich in Gospoldshofen auch noch eine kleine Käserei als Familienbetrieb halten konnte. Die Einwohnerzahl der Gemeinde liegt etwa bei 620.
Jeder der vielen Weiler im Gemeindeverband von Gospoldshofen weist eine vielgestaltige Vergangenheit auf.

Erwähnung verdient der Gospoldshofer Müllerssohn Simon Göser, der 1735 geboren wurde. Er ist als Freskomaler in der Umgebung von Freiburg im Breisgau berühmt geworden. Dort starb er auch im März 1816.

Der bis jetzt letzte entscheidende Meilenstein in der Geschichte von Gospoldshofen stellt die Wiedereingliederung in den Stadtverband von Bad Wurzach im Jahre 1972 dar, womit die 150 Jahre währende Selbständigkeit im Zuge der Gemeindereform wieder aufgegeben wurde.

Blick auf Gospoldshofen im Hintergrund Wengenreute

Wir arbeiten auf den „Wiesen“

Die Kapelle Franziskus Xaverius von Albers

Der Weiler Witzmanns

Ich sorge dafür, daß meine Hühner schöne Eier legen

Wir überlegen uns noch einiges - Blick Richtung Herrgottser Ried

Teileindruck der Privatkäserei Vogler in Gospoldshofen

Die Gemeinde Haidgau

Haidgau liegt am Fuße des Höhenzuges südwestlich des Wurzacher Riedes am Rande der Sanderebene der Haidgauer Heide. Die Gemeinde zählt einen großen Teil des Riedes zu ihrer Gemarkung, in dessen Westteil die Haidgauer Ach entspringt.

Schon im Jahr 797 tritt der Ort als „Haidkauge" ans Licht der Geschichte, als der Wohltäter Pebo seinen Besitz ans Kloster St. Gallen übergab. Durch weitere Schenkungen der Grafen Wago und Chadaloh kam St. Gallen erneut im Jahre 817 zu Besitz in Haidgau. Zu unbekannter Zeit verlor St. Gallen diese Besitzungen wieder. Dafür waren aber später die Klöster Baindt seit 1258, Schussenried seit 1299, das Stift Waldsee seit 1357 und das Kloster Rot seit 1362 begütert.
Später gehörte Haidgau zur Herrschaft Wolfegg und bildete einen eigenen Gerichtsbezirk. Als Gerichtshaus diente die ehemalige Schildwirtschaft zum Adler nahe bei der Kirche. 1824 wurde Haidgau zur selbständigen Gemeinde.

Über Jahrhunderte war Haidgau eine Filiale der Pfarrei Haisterkirch. Diese Filialkaplanei wurde von einem Pater des Klosters Rot von Haisterkirch aus versorgt. Im Jahre 1440 wurde die Filiale mit eigenem Sonn- und Feiertagsgottesdienst ausgestattet. Erst seit 1840 wurde Haidgau dann zu einer eigentlichen Pfarrei erhoben. Die Nikolaus-Kirche des Ortes erhielt 1710 ihre heutige Gestalt. Ihre wertvolle Ausstattung stammt zum größten Teil aus der Erbauungszeit. Darunter befinden sich auch Werke des Wurzacher Malers Gabriel Weiß und des Holzbildhauers Johannes Ruez.
In der Leprosenkapelle von Bad Wurzach ist auf einem Gemälde von 1579 Haidgau dargestellt, die älteste Darstellung eines Dorfes aus der Umgebung Wurzachs. Es zeigt eine sehr dichte und enge Bebauung. Dies änderte sich jedoch in den Jahren 1784 - 85, als die Vereinödung in Haidgau durchgeführt und dabei mit 22 Höfen rund die Hälfte der Häuser im Dorf abgerissen und in der Einöde wieder aufgebaut wurden. Damals wies die Ortschaft Haidgau insgesamt 37 Wohnplätze auf, die überwiegend von der Grünlandwirtschaft geprägt waren.
1904 erhielt Haidgau Anschluß an die Stichbahn Roßberg-Wurzach.

Schweren Schaden hat das Dorf am Ende des Zweiten Weltkrieges erlitten, als am 27. April 1945 die französischen Truppen in der Haidgauer Haid auf den Widerstand deutscher Truppen stießen. Bei den Kämpfen fanden damals 7 Soldaten und 3 Zivilisten den Tod. Neun Bauernhöfe gingen in Flammen auf.

In jüngster Zeit wurden einige Neubaugebiete erschlossen, so daß in Haidgau heute rund 870 Einwohner leben. Das Markungsgebiet von Haidgau hat die größte Ausdehnung im Gemeindeverband von Bad Wurzach.

Ortskern von Haidgau

Pfarrkirche St. Nikolaus von Haidgau

Innenansicht der Pfarrkirche St. Nikolaus von Haidgau

Haidgau Sicht in Richtung Nord-Osten

Die Kapelle von Wengen, Gemeinde Haidgau

Die Gemeinde Hauerz

Hauerz, ein weitläufig gebautes Dorf, liegt mit seinem alten Ortskern ziemlich beengt im Tal des Sendener Baches, einem Quellbach der Rot, nordöstlich von Bad Wurzach.

Die erste sichere Nennung des Ortes als „Huward" ist im Jahre 1272 erfolgt. Das Gemeindegebiet gehörte ursprünglich zur Grafschaft Zeil, von der es 1675 abgetrennt und als eigenes Gericht der Herrschaft Waldburg-Zeil-Wurzach zugeteilt wurde. Die Grundherrschaft lag überwiegend bei der Herrschaft.
An der Stelle, wo Pfarrer Simon 1481 ein Schlößlein erbaute, wurde später das heute noch bestehende Forsthaus erbaut.

Die Pfarrei Hauerz bestand schon 1275. Der Kirchenpatron St. Martin weist auf ihr hohes Alter hin. Aus der Zeit um 1350 stammt der 42 m hoch aufragende Kirchturm. Das alte Kirchenschiff ist 1908 durch einen neuromanischen Kirchenbau ersetzt worden. Ein markantes Gebäude im Ortsbild ist das Pfarrhaus von 1793/95.

Heute noch weist auch das Wohnquartier „Kasarmen" auf die ehemalige kleine Kaserne im Ort hin, in der 10-12 Reichssoldaten vom Standort Wurzach im 18. Jahrhundert untergebracht waren.

Besonders hervorzuheben ist die früher relativ hohe Präsenz der Hauerzer Gewerbebetriebe, die ihr Aufblühen hauptsächlich der reichlich vorhandenen Wasserkraft zu verdanken hatten. Im 19. Jahrhundert sind in diesem Zusammenhang besonders 3 Mahl- und 1 Gerstenmühle, 1 Öl- und 2 Sägmühlen, eine Hammerschmiede, eine Papiermühle und eine Blasebalgfabrik zu nennen. Auf dieser Grundlage gelang es Hauerz sogar um 1860, die Stadt Wurzach kurze Zeit an Einwohnerzahl zu überflügeln.

Bemerkenswert ist auch in der Vergangenheit von Hauerz seine Rolle als Heilbad. 1665 ließ die Herrschaft Zeil die Badeanstalt errichten, die bis in das beginnende 19. Jahrhundert in Blüte stand.
Zeugnis über den Heilbadbetrieb geben ein Werbeprospekt von 1705 und eine Badeordnung aus dem beginnenden 18. Jahrhundert.

Im Jahre 1820 wurde die Gemeinde Hauerz eigenständig.
Durch Erschließung von Neubaugebieten im südwestlichen Höhenbereich wurde in der letzten Vergangenheit neuer Wohnraum geschaffen. In Hauerz leben heute rund 1100 Einwohner.

Luftbild von Hauerz

Pfarrkirche St. Martin von Hauerz

nnenansicht der Pfarrkirche St. Martin von Hauerz

Das Forsthaus von Hauerz

Innenansicht von der Mühle in Hauerz

Die Gemeinde Seibranz

Seibranz erstreckt sich mit seiner Gemarkung auf dem rißeiszeitlichen Moränenzug, der sich um die Starkenhofer Eiszunge gelegt hat. Im Wachbühl erreicht dieser hohe Schotterrücken eine Höhe von 791 m.

Seibranz ist wohl zu Beginn des 14. Jahrhunderts aus zwei getrennten Ortsteilen zusammengewachsen. Um 1090 wird „Sibrantdesberge"und 1250 „Sigebrandeshoven" genannt. 1353 taucht „Sibrantz" erstmals als ein einziges Dorf auf. Im Jahre 1291 kam Seibranz aus Weingarter Besitz an die Grafschaft Zeil. Das Dorf war nun innerhalb dieser Grafschaft ein Teil des Gerichtes „auf dem Berg". Galgenhöfle und Galgengrube geben heute noch den Platz an, wo einst das Hochgericht stand.
Die früher herausragende Bedeutung der Herrschaft Zeil kommt augenfällig in dem nahe gelegenen Schloß Zeil zum Ausdruck.
Die Pfarrei Seibranz entstand wohl gegen Ende des 13. Jahrhunderts. Sie wurde dann aber in der 2. Hälfte des 14. Jahrhunderts aufgegeben. Erst 1483 ist die Pfarrei dann wieder errichtet worden. Sie verlor aber 1608 erneut ihre Selbständigkeit und wurde dem Kollegiatsstift Zeil einverleibt. Erst nach dessen Aufhebung 1806 war die Pfarrei wieder eigenständig. Die Pfarrkirche St. Ulrich besitzt noch einen Turm aus dem 15. Jahrhundert, während das Kirchenschiff 1870 neu errichtet wurde. Stattliche Kapellen finden sich in den Weilern Starkenhofen und Wengenreute.

Zentrale Bedeutung für die Wasserversorgung von Seibranz hatte früher der sogenannte Ulrichsbrunnen, in dessen Nähe auch eine Badestube betrieben wurde.

Besonders schweren Schaden erlitt das Dorf im Dreißigjährigen Krieg. 1628 war fast der ganze Ort durch die Pest ausgestorben. Damals legte man außerhalb am Hang des Limberges einen Pestgottesacker an, der bis heute an diese Schreckenszeit erinnert.

Neben der Grünlandwirtschaft sind noch relativ viele Handwerksbetriebe in Seibranz ansäßig. Neubaugebiete im Westen und Nordwesten haben eine augenfällige Ausweitung der Siedlungsflächen gebracht, so daß heute etwa 1200 Einwohner gezählt werden.

In der Nähe von Talacker, in großer Abgeschiedenheit, wurde 1964 das einzige Kartäuserkloster Deutschlands, die „Marienau", errichtet.
Die Kartause Marienau zeichnet sich durch ihr einfaches Erscheinungsbild aus. Man möchte fast sagen: Sie war schon immer da. Mit ihren gelben und weißen Mauern und den roten Dächern verleiht sie der strengen, dunklen Waldlandschaft des Allgäus eine liebenswerte Note

Die „weißen Mönche" der Marienau haben sich ganz einem Leben der Einsamkeit und des Schweigens zugewandt, um sich Gott und dem Gebet zu widmen.

Ortskern von Seibranz

Die Schloßanlage Zeil

Schloß Zeil, Innenhof

Pfarrkirche St. Ulrich von Seibranz

Hochaltar der Pfarrkirche St. Ulrich von Seibranz

Die Linde auf dem Wachbühl, 791 m (höchste Erhebung des Stadtgebietes)

Luftbild der Kartause Marienau

Einödhof bei Seibranz

Panoramasicht auf Seibranz, Richtung Norden

Die Gemeinde Unterschwarzach

Unterschwarzachs Gemarkungsgebiet zählt überwiegend zur Riß-Aitrach-Platte im Altmoränenland über dem Nordrand des Wurzacher Riedes.

Im Gemeindegebiet von Unterschwarzach lassen sich frühe Besiedlungsspuren bis in die Römerzeit zurückverfolgen. Früh genannt wird als Teilort Adelshofen im Jahre 775. Das Kloster St. Gallen hatte hier Besitzungen.

Der Ortsname „Swarzahe" wird erstmals 1192 urkundlich faßbar. Damals ist nicht nur in Schwarzach Ortsadel samt einer Burg sondern auch in Eggmannsried ab 1246 und in Adelshofen ab 1282 nachweisbar.

1331 gelangte die Herrschaft Schwarzach an Österreich und kam über weitere Besitzer im Jahre 1446 an die Truchsessen von Waldburg. Im Jahr 1672 fiel dann bei einer Teilung Unterschwarzach an die Linie Waldburg-Waldsee. Im Ort war der Sitz eines truchsessischen Gerichtes.

Unterschwarzach ist die einzige Gemeinde im Wurzacher Raum, die zwei Pfarreien jeweils mit Kirche und Pfarrhaus aufzuweisen hat. Die Pfarrkirche St. Gallus in Unterschwarzach besitzt einen Turm aus dem 13. Jahrhundert und einen Chor aus dem 16. Jahrhundert. Das Kirchenschiff wurde 1860/61 durch einen Neubau ersetzt. Wie die Pfarrei Unterschwarzach ist auch die von Eggmannsried erstmals im Jahre 1275 genannt.
Die Eggmannsrieder Pfarrkirche St. Jakob des Älteren wurde 1722/23 durch das Kloster Schussenried unter Leitung von Baumeister Jakob Emele erbaut. Zusammen mit dem 1747 neu errichteten Pfarrhof bildet die Kirche ein sehr harmonisches Ensemble. Auch die Innenausstattung der Kirche ist ungewöhnlich reichhaltig. Insbesondere sind hier die zahlreichen Gemälde aus der Wurzacher Werkstätte des Gabriel Weiß zu nennen.

Erwähnung verdient auch Eustachius Gabriel, ein begnadeter Barockkünstler, der 1724 in Unterschwarzach geboren wurde. Von ihm sind in der Umgebung noch eine ganze Reihe spätbarocker Wandgemälde erhalten. Besonders genannt werden muß in diesem Zusammenhang die Ausmalung der Pfarrkirche in Reute bei Waldsee. Gestorben ist Eustachius Gabriel 1772 in Laibach.

1810 gehörte Unterschwarzach zur Oberschultheißerei Schwarzach mit den Ämtern Adelshofen, Eggmannsried und Truilz. Daraus entstand dann die Gemeinde Unterschwarzach.

In den letzten Jahrzehnten sind zwei Neubaugebiete erschlossen und bebaut worden, wodurch die Einwohnerzahl bei etwa 1300 angelangt ist.

Luftbild von Unterschwarzach

Unterschwarzach: Raureif, Blick Richtung Süden

Ziegholz, Gemeinde Unterschwarzach

Sicht auf Eggmannsried Richtung Norden

Adelshofen Ortskern mit Kapelle

Pfarrkirche St. Gallus von Unterschwarzach

Innenansicht der Pfarrkirche St. Gallus von Unterschwarzach

Pfarrkirche St. Jakob des Älteren von Eggmannsried

Innenansicht der Pfarrkirche St. Jakob des Älteren von Eggmannsried

Die Gemeinde Ziegelbach

Ziegelbach, südwestlich des Wurzacher Riedes, liegt am Fuße des Ziegelberges und am Rande der Haidgauer Heide.

An der Flanke des Ziegelberges ist oberhalb des ehemaligen Gasthofes zum Bad eine große Viereckschanze aus der Keltenzeit erhalten geblieben. Dies zeigt die frühe Besiedlung dieses Gebietes.
In nachchristlicher Zeit wird Ziegelbach in einer St. Galler Urkunde erstmals im Jahre 808 als „Segalpah" erwähnt.
Auch der nahe Weiler Himbach taucht schon 836 als „Hemminbach" auf.
Im Mittelalter waren besonders Spital und Chorherrenstift Waldsee in Ziegelbach begütert. Diese Anteile kamen dann 1524 und 1743 an die Truchsessen von Waldburg, so daß die Herrschaft Wolfegg ein Gericht in Ziegelbach einrichtete.
Erst 1824 hat sich dann die selbständige Gemeinde Ziegelbach gebildet.

Erwähnenswert ist, daß schon im Jahre 1555 das Bad in Oberziegelbach genannt wird, das als beliebtes Mineralbad noch zu Beginn unseres Jahrhunderts benützt wurde.

Als Pfarrgemeinde wird Ziegelbach erstmals 1275 faßbar. Das Ortsbild wird besonders durch die Kirche, das Pfarrhaus von 1760 und den ehemaligen Pfarrstadel geprägt, der 1980 zum Dorfstadel umgebaut wurde. Die Pfarrkirche St. Maria aus der 1. Hälfte des 16. Jahrhunderts zählt zu den wenigen spätgotischen Dorfbasiliken. Sie enthält auch gute barocke Ausstattungsstücke aus Wurzacher Bildhauer- und Malerwerkstätten.

Der nahe Weiler Rohrbach zählte durch Jahrhunderte zur Pfarrei Wurzach und kam erst 1812 in den Pfarrverband von Ziegelbach. In Rohrbach findet sich eine ansehnliche Kapelle aus dem 18. Jahrhundert.

Neben Haidgau wurde auch Ziegelbach ungewöhnlich hart getroffen, als die französischen Truppen am 27. April 1945 einmarschierten. Bei den damaligen Kämpfen fielen nicht nur etwa 10 Gebäude in Schutt und Asche, sondern es gingen auch ca. 130 Stück Großvieh zugrunde.

1968 wurde am südöstlichen Ortsrand ein Neubaugebiet erschlossen, so daß inzwischen Ziegelbach und Oberziegelbach fast zusammengewachsen sind. Heute leben in Ziegelbach etwa 740 Einwohner.

Luftbild von Ziegelbach

Der Dorfstadel von Ziegelbach

Sicht auf Ziegelbach im Hintergrund Haid

Pfarrkirche St. Maria von Ziegelbach

Innenansicht der Pfarrkirche St. Maria von Ziegelbach

Mondaufgang über dem Ried

Das Wurzacher Ried

Inmitten der hügeligen kultivierten Moränenlandschaft Oberschwabens präsentiert sich das Wurzacher Ried als Urlandschaft mit einer Ausdehnung von ca. 14 Quadratkilometern; eine auch heute noch weitgehend ursprüngliche naturbelassene Landschaft, wie sie sich in der Nacheiszeit entwickelt hat. Dieses Ried zeichnet sich durch die Vielfalt unterschiedlicher Lebensräume aus, die teils großflächig, teils auch in geringer Ausdehnung mosaikartig aneinanderstoßen.
Die ausgedehnten Hochmoorschilde, die als größtes noch intaktes Hochmoor Mitteleuropas gelten, bestimmen mit ihrem herben Reiz landschaftlicher Weite und ihren extremen Lebensbedingungen die besondere Wertigkeit dieses Moores.

Vom mineralischen Grundwasser abgeschnitten, wächst das Hochmoor schon in mehr als 2000 Jahren bis zu 5,5 m über das Flachmoor empor. Die Torfmoose, die je nach Art in grünen, gelben, braunen oder rötlichen Polstern das Hochmoor bilden, können unter extremen Lebensverhältnissen bestehen, wenn genügend Niederschläge fallen. Während große Flächen, vor allem in den Randbezirken durch die Bergkiefer geprägt werden, sind im Zentrum weite Gebiete baumlos.
Der Rundblättrige Sonnentau als fleischfressende Pflanze gedeiht inmitten der nährstoffarmen Umgebung. Das Scheidewollgras ist am schönsten im Mai, wenn es fruchtet. Zur gleichen Zeit blüht der Sumpfrosmarin. Im Juni entfalten die winzigen Sträucher der Moosbeere ihre lila Blütchen, während im Juli und August der gelbe Wachtelweizen, ein Halbschmarotzer, als einzige einjährige Pflanze im Hochmoor blüht.

Dort, wo das Hochmoor durch Torfstechen und durch Grundwassersenkungen zur Hochmoorheide geworden ist, hat sich neben Preiselbeere, Heidelbeere und Rauschbeere besonders die Besenheide angesiedelt. Von August bis Anfang September leuchtet die Riedheide in zartem Rosa. Die Polster vom Steifen Frauenhaarmoos tragen unzählige goldene Sporenkäpselchen.

Die Flachmoore stellen den floristisch reichsten Teil dar. Gebunden an den Mineralstoffreichtum der Haidgauer und Dietmannser Ach dehnt sich das Flachmoor entlang der Bäche und im Quellgebiet aus.

Wo sich Seekreide im Untergrund befindet, blüht schon im zeitigen Frühjahr der Frühlingsenzian. Sumpfdotterblumen leuchten an Wasserstellen, und am seichten Rand steht üppig der Fieberklee mit den rötlichen Knospen und den behaarten weißen Blütenkelchen, eine der schönsten Moorpflanzen.
Die hübsche Mehlprimel, das Sumpfveilchen und die Simsenlilie fehlen ebensowenig wie Sumpfläusekraut, Straußweiderich und Fettkraut. Und wo es recht naß ist, kann man das Sumpfblutauge mit seinen braunroten, sternförmigen Blüten, aus denen der goldgelbe Pollen herausleuchtet, nicht übersehen.

Von Mai bis Juni ist Orchideenblütezeit. Zwar sind einige Arten vom Aussterben bedroht wie z.B. Sumpfweichwurz, Glanzkraut, Kleines Knabenkraut und Hehnorchis, doch sind noch viele schöne Orchideen zu finden: Fleischfarbenes-, Breitblättriges-, Geflecktes- und Traunsteiner Knabenkraut, Zweiblatt, Waldhyazinthe,

Sumpfstendel und etwas seltener das Strohgelbe Knabenkraut.

Im Sommer blühen Prachtnelke, Brennender Hahnenfuß und Gilbweiderich. Der Blutweiderich bringt leuchtend rote Farben ins Ried. Die Blutwurz zeigt ihre kleinen gelben Blüten bis in den Herbst hinein.

Der seltene Tarant ist nur an einem Standort vorhanden. Im September blühen Schwalbenwurz und das zierliche Sumpfherzblatt, ein Steinbrechgewächs. Der Teufelsabbiß versieht noch im Oktober das Flachmoor mit intensivem Blau und der Sumpfhaarstrang zeigt seine zarten weißen Dolden.

An offenen Wasserflächen von ehemaligen Torfstichen streckt der Wasserschlauch im Juli seine gelben Blüten wie kleine Löwenmäulchen in die Höhe.

Im Riedsee kann man die weiße Seerose, in der Ach die Gelbe Teichrose bewundern. Der schönste und größte Hahnenfuß, der Zungenhahnenfuß, wuchert zwischen Brunnenkresse und Igelkolben im Wasser. Daneben wachsen im August die braunen Rohrkolben in die Höhe.

Recht bunt präsentieren sich auch die anmoorigen Wiesen, sofern sie nicht intensiv genutzt werden, mit Bachnelkenwurz, Sumpfvergißmeinnicht, Schlangenwurzknöterich, Labkraut und Sibirische Schwertlilie. An manchen Stellen übertrumpfen die Trollblumen alle anderen Blüten. Den Sommer über blühen gelbe Habichtskräuter, Akeleiblättrige Wiesenrauke, Teufelskralle, Bachkratzdistel und Mädesüß. Im Herbst ist das raukenblättrige Greiskraut vorherrschend.

Teils durch mineralischen Eintrag, teils durch Verschleppung von Pflanzen verursacht, weisen Riedwege eine nicht unbedingt moortypische Flora vor: Kriechender Günsel, Gundelrebe, Knautie, Hornklee, Flockenblumen, Rundblättriges Wintergrün, Baldrian, Engelwurz, Minze, Weidenröschen, Kohldistel, Roter Zahntrost, Schachtelhalm, Bittersüßer Nachtschatten und Rainfarn.

Eine sehr bedeutende Rolle spielen die Riedgräser sowohl für die Moorentwicklung als auch für den Naturfreund, der im Gräserbereich eine unerschöpfliche Fülle von Arten mit wunderschönen Blüten- und Fruchtständen vorfindet.

Allein 35 Arten von Seggen wie Steife Segge, Schlanksegge, Blaugrüne Segge, Schnabelsegge, Saumsegge, Hirsensegge, um nur einige zu nennen, kommen im Wurzacher Ried vor. Besonders schöne Fruchtstände zeigen die Gelbsegge und Sternigelsegge. Hübsche Horste bilden die Binsen mit runden Stengeln: Flatterbinse, Knäuelbinse, Glanz- und Blaugrüne Binse.

Kleinere Verwandte sind das Braune und das Weiße Schnabelried. Wie ein grausilbener Schleier erscheinen die Fruchtstände der Alpenhaarsimse. An trockeneren Stellen wiegt sich im Herbst das goldbraune Pfeifengras.

Bei einer so großen Vielfalt von Pflanzen kann sich auch eine reichhaltige Tierwelt ausbreiten. Bevor die Sonne die Tautröpfchen wegleckt, sind viele Tausende feinster Spinnengewebe zwischen den Heidekrautgewächsen zu sehen. Libellen und Käfer finden in der Moorvegetation ebenso Lebensmöglichkeit wie Schmetterlinge und viele andere Insekten.
Unter den zahlreichen Libellen sind die Rote Adonislibelle, die Blaue Azurjungfer, die Vierflecklibelle, die Blattbauchlibelle, Blauflügel-Prachtlibelle und die Binsenjungfer zu sehen.

Die Falter finden zur Ernährung mit Nektar und Pollen eine Vielfalt von Doldengewächsen, Korbblütlern und Kleearten und zur Eiablage die entsprechenden Wirtspflanzen vor. Hochmoorgelbling, Perlmutterfalter, Bläulinge, Brombeerzipfelfalter, Kaisermantel, Schillerfalter, Admiral, Schachbrett, Schwalbenschwanz, Tagpfauenauge und viele andere kann man im Ried beobachten.

Günstige Lebensmöglichkeit bietet ein Feuchtgebiet von dieser Größe auch den Amphibien und Reptilien. Der braune Grasfrosch, der grüne Teichfrosch und der zierliche Laubfrosch sind noch regelmäßige Bewohner. Der Moorfrosch ist kaum noch zu finden.

Die Kreuzotter kommt in allen Farben vor: graugrün, braun, kupferfarbig, mit Zickzackband, schwarz ohne Zickzackband. Die Ringelnatter liebt den Aufenthalt im Wasser. Trockene Riedheide bevorzugen Blindschleiche sowie Moor- und Zauneidechse.

Besonders reichhaltig ist die Vogelwelt. Das Wurzacher Ried mit seiner Vielfalt an Biotopen wie Hochmoor, Flachmoor, Heide Bruchwald, Randwald, Buschlandschaft, Röhricht, Schilficht und Flußlandschaft bietet vielen Vögeln Lebensmöglichkeit.
Finkenvögel, Meisen, Ammern und Drosseln sind in vielen Biotopen reichlich anzutreffen. Unter den Laubsängern sind Fitis, Zilpzalp, Waldschwirl und Berglaubsänger stark vertreten. Der Gesang der Gartengrasmükke, der Mönchs- und der Klappergrasmücke ist in der Hekenlandschaft nicht zu überhören. Zu den besten Sängern im Ried gehören Gelbspötter, Sumpfrohrsänger und Singdrossel.

In den Randwäldern und in der Parklandschaft finden Kleiber, Grauspecht, Buntspecht, Grauschnäpper, Trauerschnäpper und Baumläufer als Höhlenbrüter Wohnraum. Wo Bachstelze und Teichrohrsänger nisten, ist auch der Kuckuck in der Nähe. Während die Heckenbraunelle eher zurückhaltend singt, ist der Balzgesang von Baumpieper und Zaunkönig recht eindringlich.

Als Wintergäste erscheinen Erlen- und Alpenbirkenzeisig, Kreuzschnabel und Bergfink regelmäßig. Eichel- und Tannenhäher sind immer anwesend. Kiebitze zeigen über den anmoorigen Wiesen ihre Flugkünste. Auch der Graureiher ist im Wurzacher Ried immer wieder zu finden. Leider sind Brachvögel und Bekassinen seltener zu hören. Birkwild, das ganz verschwunden war, ist wieder eingesetzt worden. Schafstelze und Wiesenpieper sind typische Hochmoorbewohner.

Mehr noch als Wurzacher Ach, Riedsee und Quellseen ist der Rohrsee, der durch Grundwasserströme mit dem Wurzacher Ried verbunden ist, ein bevorzugtes Brutrevier für Wasservögel und ein günstiger Platz für zahlreiche, oft auch seltene Durchzügler z.B. Kolbenente, Bruchwasserläufer und Rotschenkel.
Neben der Lachmöve, die in großer Zahl aus dem Süden an den Rohrsee kommt, brüten dort Zwergtaucher, Haubentaucher, Schwarzhalstaucher, Bläßhühner, Grünfüßiges Teichhuhn, Wasserralle, aber auch Stockenten, Reiherenten, Krick- und Knäkenten.
An der Ach kann, wenn man Glück hat, auch einmal der prächtige Eisvogel auf seinem Durchzug beobachtet werden.
Im November 1989 verlieh der Europarat dem Wurzacher Ried das Europadiplom. Mit dieser seltenen Auszeichnung wird die herausragende Bedeutung dieses Naturschutzgebietes unterstrichen, um zu einem wirksamen Schutz dieser einmaligen Moorlandschaft beizutragen.

Herbststimmung im Ried

Riedlandschaft im Winter

Gewitterstimmung über dem Ried

Zugespitztes Torfmoos *(Sphagnum cuspidatum)*

Riedlandschaft mit Bergkiefern

Baumloser unzugänglicher Teil des Riedes

Rundblättriger Sonnentau *(Drosera rotundifolia)*

Langblättriger Sonnentau *(Drosera anglica)*

Scheidiges Wollgras - Blüte *(Eriophorum vaginatum)*

Scheidewollgras mit seinen weißen Fruchtständen

Sumpfrosmarin *(Andromeda polifolia)*

Moosbeere *(Vaccinium oxycoccos)*

Preiselbeere *(Vaccinium vitis idaea)*

Glocken-Heide *(Erica tetralix)*

Frühlings-Enzian *(Gentiana verna)*

Blühende Riedheide

Die Quellseen der Haidgauer Ach

Das Flußbett mit Schilfgürtel der Haidgauer Ach im Ried

Fieberklee *(Menyanthes trifoliata)*

Sumpfdotterblume *(Caltha palustris)*

Mehlprimel *(Primula farinosa)*

Sumpf-Veilchen *(Viola palustris)*

Sumpf-Blutauge *(Comarum palustre)*

Gemeines Fettkraut *(Pinguicula vulgaris)*

Albino des fleischf. Knabenkrauts *(Dactylorhiza incarnata)*

Breitblättriges Knabenkraut *(Dactylorhiza majalis)*

Zweiblättrige Waldhyazinthe *(Platanthera bifolia)*

Strohgelbes Knabenkraut *(Dactylorhiza ochroleua)*

Geflecktes Knabenkraut *(Dactylorhiza maculata)*

Sumpf-Stendelwurz *(Epipactis palustris)*

Strauß-Gilbweiderich *(Lysimachia thyrsiflora)*

Blut-Weiderich *(Lythrum salicaria)*

Tarant oder Sumpfenzian *(swertia perennis)*

Herbststimmung: Blick auf den Riedsee

Weiße Seerose *(Nymphaea alba)* im Riedsee

Schwalbenwurz-Enzian *(Gentiana asclepiadea)*

Sumpf-Herzblatt *(Parnassia palustris)* und roter Zahntrost

Trollblume *(Trollius europaeus)*

Sibirische Schwertlilie *(Iris sibirica)*

Bittersüßer Nachtschatten *(Solanum dulcamara)*

Rohrkolben *(Typha latifolia)*

Teichschachtelhalm *(Equisetum fluviatile)*

Horste von Seggen *(Carex)* dazwischen Torfmoos *(Sphagnum palustre)*

Grasgrüne Huschspinne *(Micrommata rosea)*

Orangerote Radnetzspinne *(Araneus alsine)*

Veränderliche Krabbenspinne *(Misumena ratia)*

Pappelblattkäfer *(Melasoma populi)*

Feldsandläufer *(Cicindela campestris)*

Frühe Adonislibelle *(Pyrrhosoma nymphula)*

Speer-Azurjungfer *(Coenagrion hastulatum)*

Vierfleck-Libelle *(Libellula quadrimaculata)*

Plattbauchlibelle *(Libellula depressa)*

Blauflügel-Prachtlibelle *(Calopteryx virgo)*

Hochmoorgelbling *(Colias palaeno)*

Braunfleckiger Perlmutterfalter *(Clossiana selene)*

Bläuling *(Familie Lycaenidae)*

Brombeerzipfelfalter *(Callophrys rubi)*

Kaisermantel *(Argymnis paphia)*

Großer Schillerfalter *(Apatura iris)*

Admiral *(Vanessa atalanta)*

Schwalbenschwanz *(Papilio machaon)*

Tagpfauenauge *(Inachis io)*

Teichfrosch *(Rana esculenta)*

Moorfrosch *(Rana arvalis)*

Braune Kreuzotter *(Vipera berus)*

Schwarze Kreuzotter *(Vipera berus)*

Zauneidechse *(Lacerta agilis)*

Sumpfmeise *(Parus palustris)*

Kohlmeise *(Parus major)* und Feldsperling *(Passer montanus)*

Teichrohrsänger *(Acrocephalus scripaceus)* mit Nestlingen

Kleiber *(Sitta europaea)*

Buntspecht *(Dentrocopus major)*

Grauspecht *(Picus canus)*

Kiebitz *(Vanellus vanellus)*

Graureiher *(Ardea cinerea)*

Großer Brachvogel *(Numenius arquata)*

Bekassine *(Gallinago gallinago)*

Birkhuhn *(Lyrurus tetrix)*

Der Rohrsee (Naturschutzgebiet)

Rotschenkel *(Tringa totanus)*

Haubentaucher *(Podiceps cristatus)* in Balzstellung

Bläßhuhn *(Fulica atra)*

Eisvogel *(Alcedo atthis)*